Impressum

Verlag: BABADADA GmbH, Nedderfeld 112 , 22529 Hamburg

Geschäftsführer / Verlagsleitung: Harald Hof

Druck: Books on Demand GmbH, In de Tarpen 42, 22848 Norderstedt

Imprint

Publisher: BABADADA GmbH, Nedderfeld 112 , 22529 Hamburg, Germany

Managing Director / Publishing direction: Harald Hof

Print: Books on Demand GmbH, In de Tarpen 42, 22848 Norderstedt, Germany

ښوونځی

școală

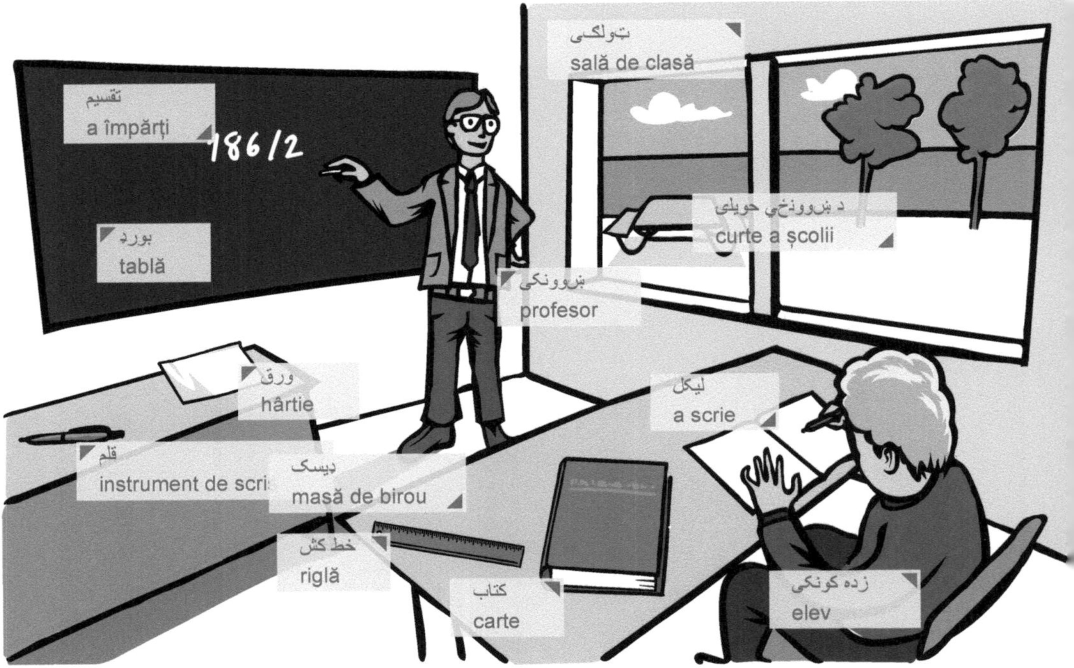

ټولګی
sală de clasă
تقسیم
a împărți
186/2
بورډ
tablă
د ښوونځي حویلی
curte a școlii
ښوونکی
profesor
ورق
hârtie
لیکل
a scrie
قلم
instrument de scri
ډیسک
masă de birou
خط کش
riglă
کتاب
carte
زده کونکی
elev

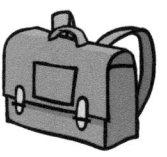

کڅوړه

ghiozdan

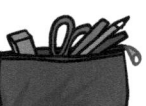

د پنسل بکسه

penar

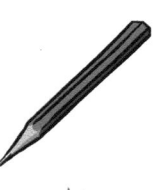

پنسل

creion

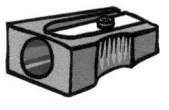

پنسل تراش

ascuțitoare

ربړ

radieră

د رسامۍ پاڼه

bloc de desen

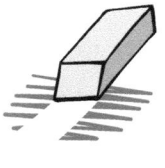

رسامي

desen

د نقاشی برس

pensulă

د نقاشی بکس

cutie de acuarele

قيچي

foarfece

سريښ

lipici

د تمرين کتاب

caiet de exerciţii

کورنی دنده

temă

شمير

număr

جمع

a aduna

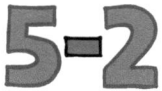

منفي

a scădea

ضرب

a multiplica

حساب

a calcula

توری

litera

الفبا

alfabet

کلمه

cuvânt

متن

text

لوستل

a citi

تباشیر

cretă

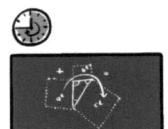

درس

oră

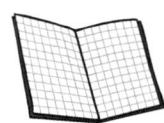

راجستر

catalog

ازموینه

examen

تصدیق پاڼه

certificat

د ښوونځي یونیفارم

uniformă școlară

تعلیم

educație

دایره المعارف

enciclopedie

پوهنتون

universitate

مایکروسکوپ

microscop

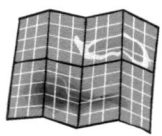

نقشه

hartă

اشغالدانی

coș de gunoi

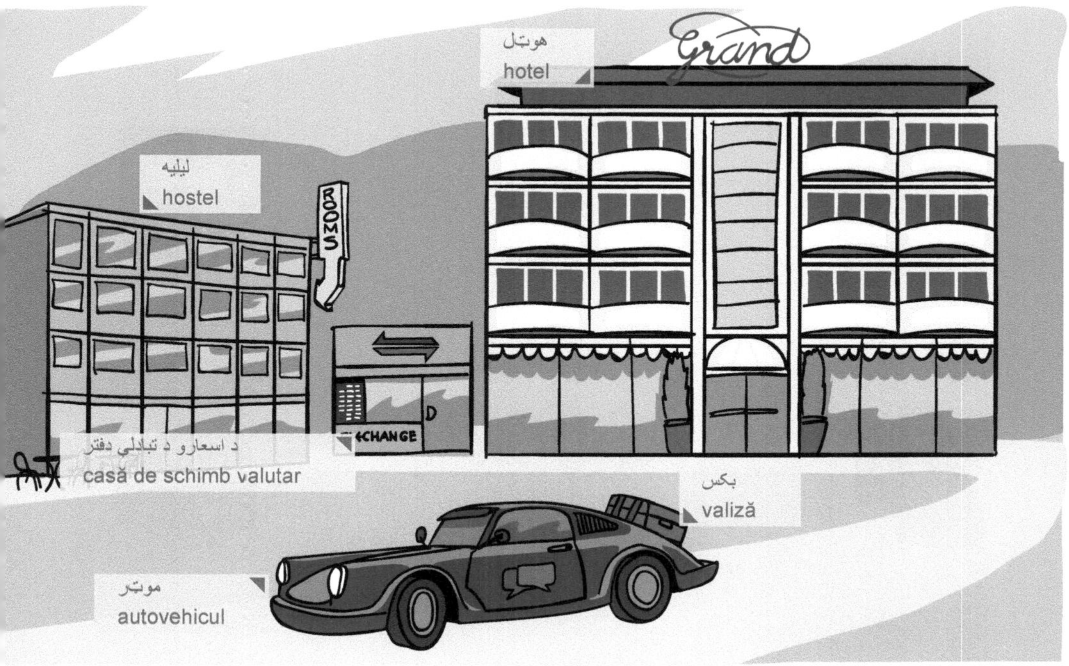
هوټل
hotel
Grand
ليليه
hostel
ROOMS
EXCHANGE
د اسعارو د تبادلې دفتر
casă de schimb valutar
بکس
valiză
موټر
autovehicul

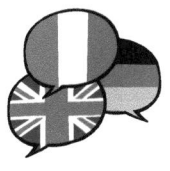

ژبه
limbă

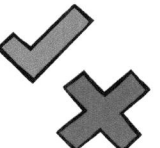

هو/نه
da/nu

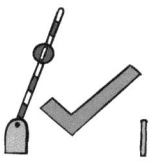

سمه ده
okay

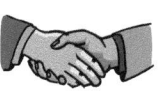

سلام
Bună!

ژباړونکی
interpret

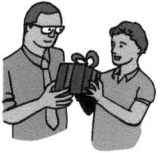

مننه
mulțumesc

څومره دی...؟
Cât costă...?

مر پوهیږ نه زه
Nu înţeleg

ستونزه
problemă

ماښام مو پخیر!
Bună seara!

سهار په خیر!
Bună dimineaţa!

شپه په خیر!
Noapte bună!

په مخه مو بښه
la revedere

لارښود
direcţie

سامان
bagaj

بیگ
geantă

شاتنی بکس
rucsac

میلمه
oaspete

خونه
cameră

د خوب کڅوړه
sac de dormit

خیمه
cort

د تورېزم معلومات
....
punct de informare turistică

ساحل
....
plajă

کریډیټ کارت
....
carte de credit

ناری
....
mic dejun

د غرمې خواړه
....
masa de prânz

د ښپې خواړه
....
cină

ټیکټ
....
bilet de călătorie

لفټ
....
lift

مهر
....
timbru poștal

پوله
....
graniță

کمرک
....
vamă

سفارت
....
ambasadă

ویزه
....
viză

پاسپورت
....
pașaport

ټرانسپورټ

transport

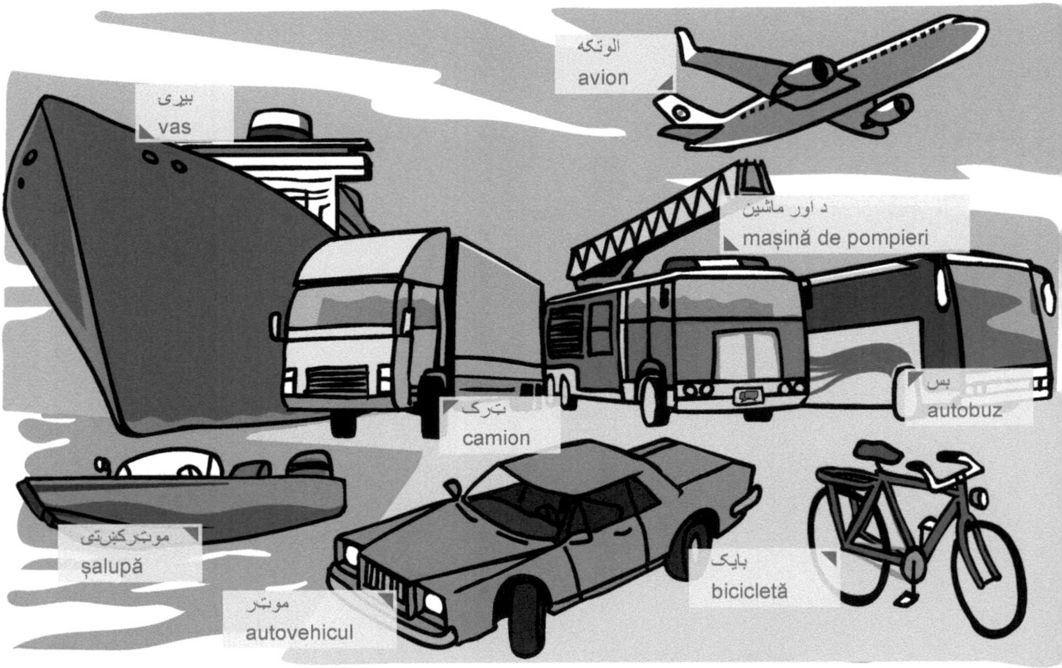

الوتکه
avion
بېړۍ
vas
د اور ماشين
mașină de pompieri
بس
autobuz
ټرک
camion
موټرکښتۍ
șalupă
موټر
autovehicul
بايک
bicicletă

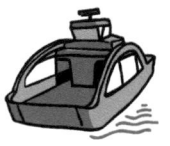

کښتۍ

feribot

کښتۍ

barcă

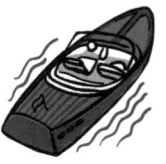

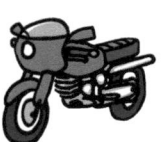

موټرسايکل

motocicletă

د پوليسو موټر

mașină de poliție

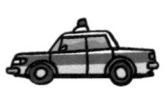

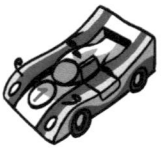

د ريس موټر

mașină de curse

کرايي موټر

mașină închiriată

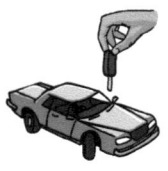

د کرایه موټری
car sharing

د ثقیل لرونکی ترک
mașină de tractat

د زیفیر ترک
mașină de gunoi

موټر
motor

سونګ توکي
combustibil

پټرول ستیشن
benzinărie

ترافیکي نښه
semn de circulație

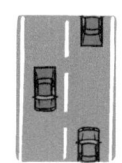

ترافیک
trafic

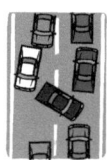

جام ترافیک
ambuteiaj

د موټرو تمځای
parcare

د ریل ستیشن
gară

پاتکي
șine

ریل
tren

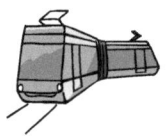

ټرام
tramvai

واګون
vagon

چورلکه

elicopter

هوايي ډکر

aeroport

برج

turn

مسافر

pasager

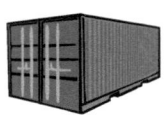

کانتينر

container

کارتون

carton

کارت

căruţă

توکری

coş

الوتنه کول/کښيناستل

a decola/a ateriza

ښار

oraş

کلی

sat

د ښار مرکز

centru

کور

casă

سیتما
cinematograf

اعلان
publicitate

د کوڅي لامپ
felinar

کوڅه
stradă

ټیکسی
taxi

د خوارو پلورنځی
chioşc

پیاده
pieton

پلی لاره
trotuar

د تیریدو لاره
intersecție

د سرک څخه تیریدو لاره
zebră

اشغالدانی (لوی)
pubelă

د ترافیک څراغونه
semafor

کوډله
....
cabană

اپارتمان
....
apartament

د ریل ستیشن
....
gară

ټاون هال
....
primărie

میوزیم
....
muzeu

ښوونځی
....
şcoală

پوهنتون

universitate

بانک

bancă

روغتون

spital

هوټل

hotel

درملتون

farmacie

دفتر

birou

کتاب پلورنځی

librărie

پلورنځی

magazin

د ګلانو پلورنځی

florărie

لوی پلورنځی

supermarket

مارکیټ

piață

د ډیپارټمنټ سټور

magazin universal

کب پلورنځی

comerciant de pește

د پلور مرکز

centru comercial

لنګرتون

port

ښار - oraș

پارک

parc

بینچ

bancă

پل

pod

زینه

trepte

د ځمکي لاندې

metrou

تونل

tunel

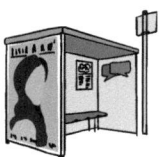

بس تمځای

stație de autobuz

بار

bar

ریستورانت

restaurant

پوست بکس

cutie poștală

د کوڅی نښه

tăbliță indicatoare cu
numele străzii

د پارک کولو میتر

parcometru

ژوبڼ

grădină zoologică

د لامبو حوض

piscină

مسجد

moschee

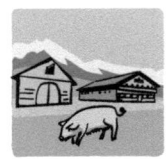

کرونده
....
gospodărie țărănească

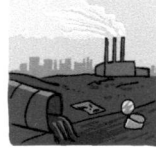

ناپاکي
....
poluare

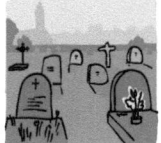

هديره
....
cimitir

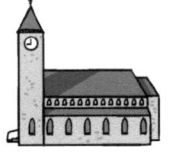

چرچ
....
biserică

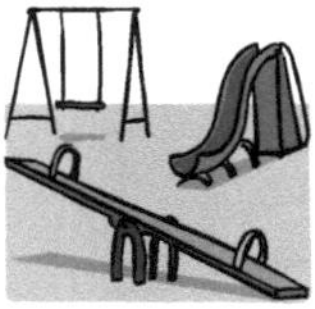

د لوبو ډګر
....
loc de joacă

معبد/کليسا
....
templu

منظره

peisaj

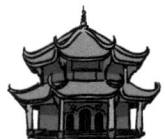

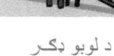

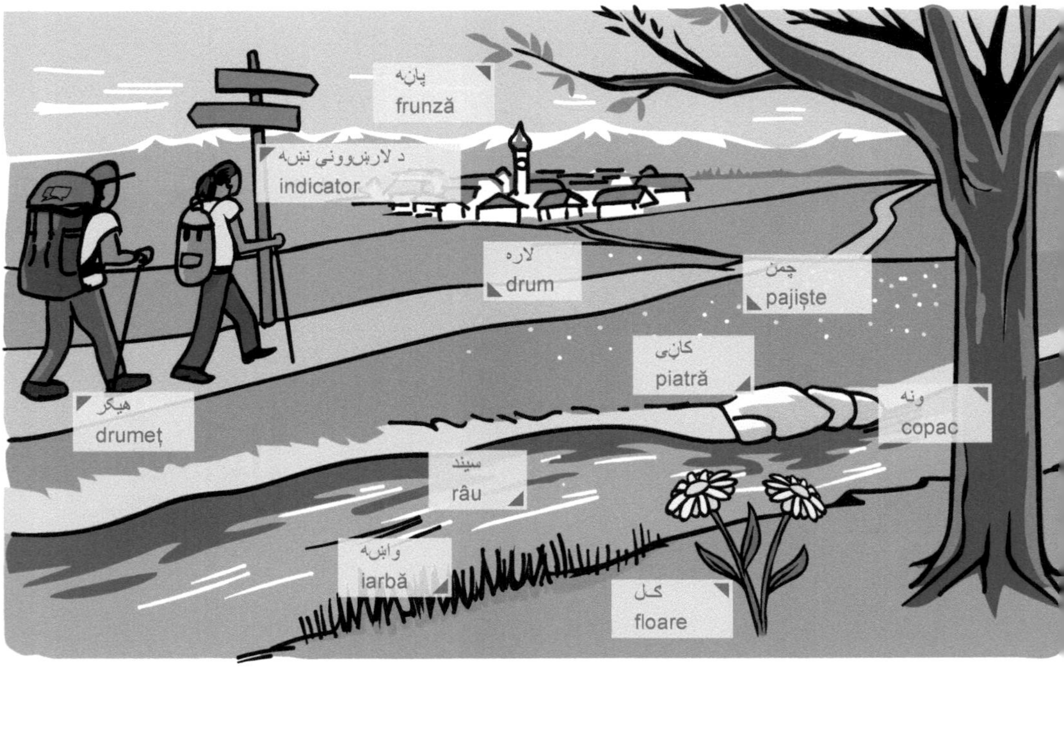

پاڼه
frunză
د لارښووني نښه
indicator
لاره
drum
چمن
pajiște
کاڼی
piatră
هيکر
drumeț
ونه
copac
سيند
râu
واښه
iarbă
ګل
floare

دره

vale

غوندى

deal

روان

lac

خنکل

pădure

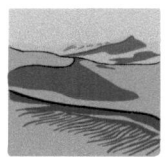

دشته

deșert

اورشیندنى

vulcan

کلا

castel

رنگین کمان

curcubeu

مرخیری

ciupercă

پلم ونه

palmier

ماثبي

țânțar

الوتل

muscă

میری

furnică

مچى

albină

غوندند/جولا

păianjen

کـونکـت

gândac

چونگبشه

broască

نولی

veveriță

زیرکی

arici

سوی

iepure

کـونک

bufniță

مرغی

pasăre

قازه

lebădă

نرخوک

porc mistreț

هوسی

cerb

گـاوزه

elan

بند

dig

بادي توربين

turbină eoliană

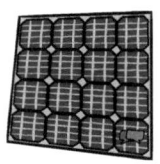

سولر تختی

panou solar

اقلیم

climă

پیشخدمت
chelnăr

مینو
meniu

چوکی
scaun

سوپ
supă

پیزا
pizza

بښاخی، چاقو، کاشوغه
tacâmuri

د میز څوته
faţă de masă

ستارتر
antreu

اصلي خواړه
fel principal

شیریني
desert

څښاک
băuturi

خواړه
mâncare

بوتل
sticlă

فاست فود

fastfood

د کوټي خواره

streetfood

چای جوش

ceainic

قندانی

zaharniță

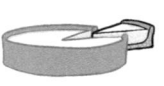

برخه

porție

اسپرسو مشین

espressor

لوړه چوکی

scaun înalt (pentru copii)

رسید

factură

مجمه

tavă

چاکو

cuțit

پنجه

furculiță

قاشق

lingură

چای قاشق

linguriță

سورویت

șervețel

گلاس

pahar

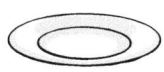

پلیټ

farfurie

د سوپ پلیټ

farfurie de supă

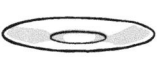

نالبکی

farfurie

ساس

sos

مالکه شیندونکی

solniță

د مرچ کولولو خی تبکتر

râșniță de piper

سرکه

oțet

غوري

ulei

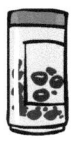

مساله

condimente

کچ اپ

ketchup

مشر

muștar

چکه

maioneză

خانګری ورانديز
ofertă

پيرونوکی
client

لبنيات
produse lactate

FOR

ميوه
fructe

لاسي ګرځ
cărucior de cumpărături

قصابي
....
măcelărie

نانوايی
....
brutărie

وزن کول
....
a cântări

سبزيجات
....
legume

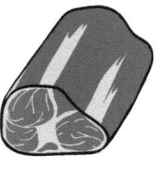

غوښه
....
carne

کنګل خواره
....
alimente refrigerate

شوغه یخه

mezeluri și brânzeturi feliate

هواره اورسنک

conserve

د پوډر لولوخمينه

detergent

شیرینی

dulciuri

کورني توليدات

articole de menaj

د پاکولو محصولات

produse de curățenie

د پلور فرد

vânzătoare

د نغدي راجستر

casă

فارص

casier

د پیرود لیست

listă de cumpărături

کاري ساعتونه

orar

بټوه

portmoneu

کریدیت کارت

carte de credit

کڅوړه

geantă

پلاستیک کڅوړه

pungă de plastic

băuturi

اوبه

apă

جوس

suc

ښیده

lapte

کوک

cola

واین

vin

بیر

bere

الکول

alcool

ککاو

cacao

چای

ceai

کافي

cafea

اسپرسو

espresso

کپچینو

cappucino

كيله

banane

مڼه

măr

نارنج

portocală

هندوانه

pepene

ليمو

lămâie

گازره

morcov

هوره

usturoi

بانكس

bambus

پياز

ceapă

مرخيري

ciupercă

چغزى

nuci

آش

paste făinoase

سپیکتي
....
spagheti

وریجي
....
orez

سلاد
....
salată

چپس
....
cartofi prăjiți

سره كري كچالو
....
cartofi țărănești

پیزا
....
pizza

همبرگر
....
hamburger

ساندویچ
....
sandwich

كتره
....
șnițel

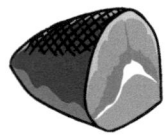

د پتون غوښه
....
șuncă

سلمي
....
salam

ساسچ
....
cârnați

چرګ
....
pui

روسټ
....
friptură

كب
....
pește

د وربشی شیرني

fulgi de ovăz

موسلي

musli

د جوار پلی

cereale

اوړه

făină

کروسانت

corn

د ډوډی رول

chifle

ډوډی

pâine

ټوست

pâine prăjită

بسکیټ

biscuiți

کوچ

unt

چکه

brânză de vaci

کیک

prăjitură

هګی

ou

پنسی هګی

ouă ochiuri

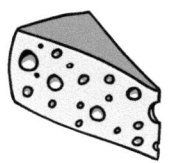

پنیر

brânză

خواړه - mâncare

آیس کریم

înghețată

بوره

zahăr

شهد

miere

مربا

marmeladă

نوگات کریم

cremă nuga

کورکمان

curry

کرونده
gospodărie țărănească

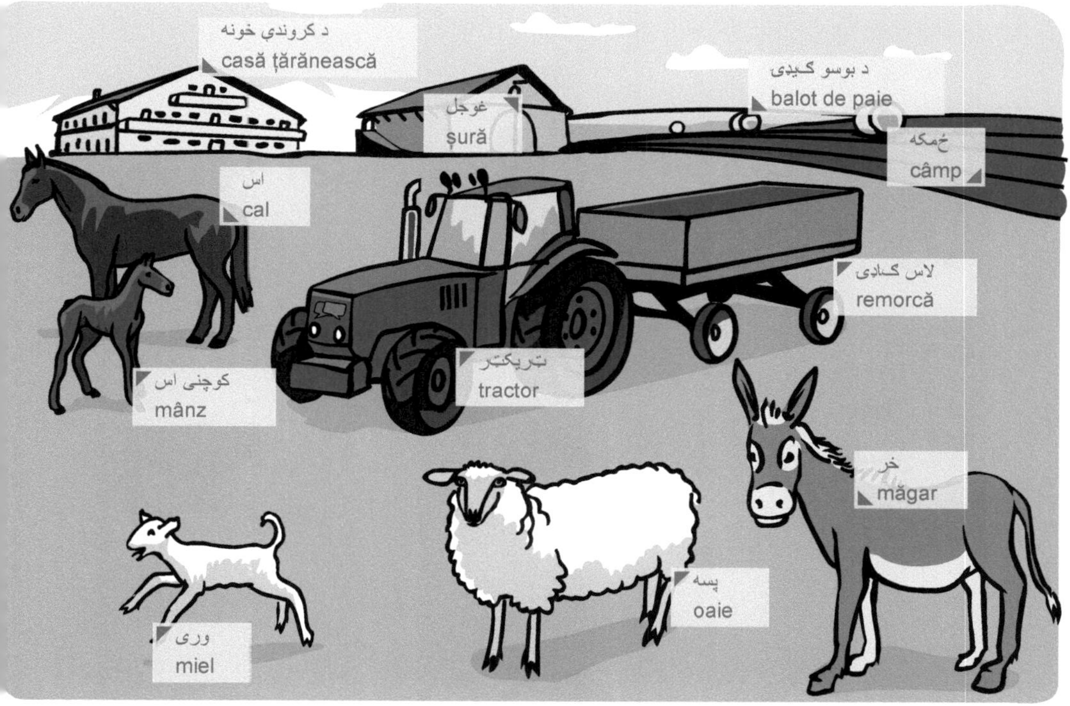
د کروندې خونه
casă țărănească
غوجل
șură
د بوسو ګېډۍ
balot de paie
ځمکه
câmp
اس
cal
لاس ګاډی
remorcă
ټریکټر
tractor
کوچنی اس
mânz
خر
măgar
پسه
oaie
وری
miel

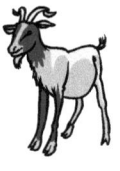

وزه
capră

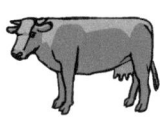

غوا
vacă

خوسکی
vițel

خوګ
porc

د خوګ بچی
purcel

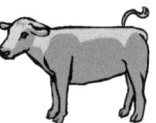

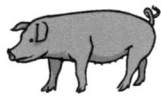

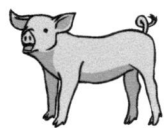

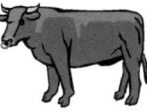

غویی
taur

بته

găină

هیلی

rață

چرګوړی

pui

چرګه

găină

بانګي

cocoș

سارای موږک

șobolan

پیشک

pisică

موږک

șoarece

غویی

bou

سپی

câine

د سپي خونه

cușcă

د باغ هوز

furtun de grădină

د اوبو لولخی

stropitoare

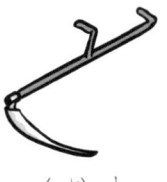

لور (داس)

coasă

یوی

plug

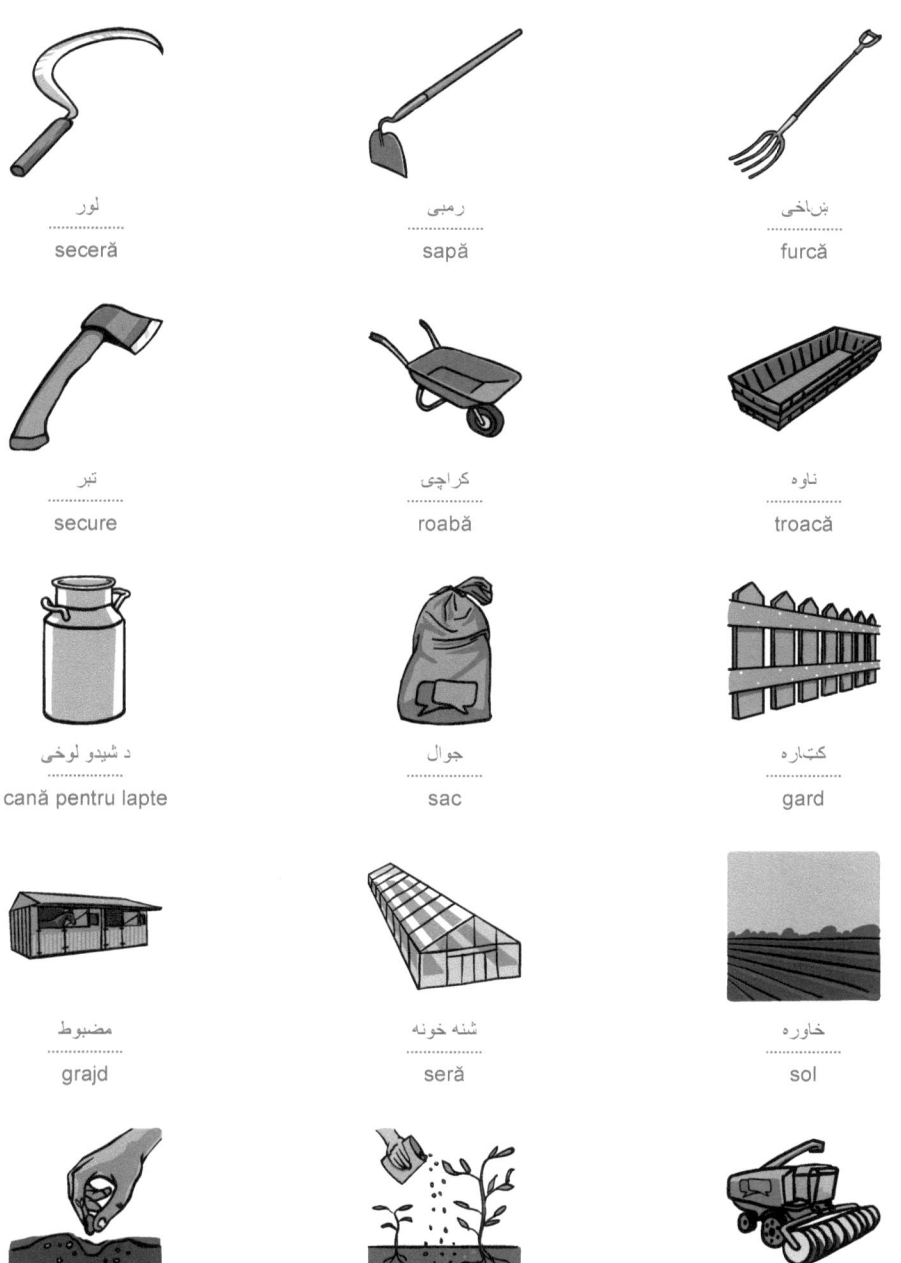

لور

seceră

رمبی

sapă

بن‌اخی

furcă

تبر

secure

کراچی

roabă

هاوه‌ن

troacă

د شیدو لوخی

cană pentru lapte

جوال

sac

کتپاره

gard

مضبوط

grajd

شنه خونه

seră

خاوره

sol

تخم

sămânță

سره/ه/کود

fertilizator

گـد ریبونکی ماشین

combină de treierat

لول همریز
a culege

درمند
recoltă

خواره كچالو
cartof yam

غنم
grâu

سویا
soia

كچالو
cartof

جوار
porumb

نباتي تخم
rapiță

د ميوی ونه
pom fructifer

مانيوك
manioc

غله
cereale

کور

casă

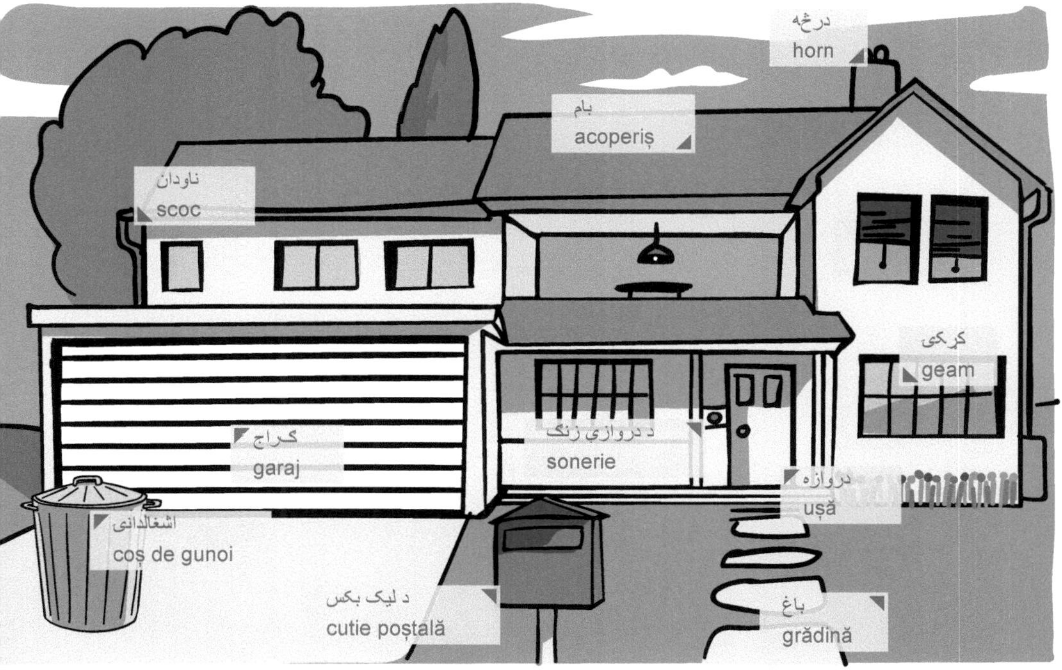

درځه
horn
بام
acoperiș
ناودان
scoc
کړکۍ
geam
ګراج
garaj
د دروازې زنګ
sonerie
دروازه
ușă
اشغالدانی
coș de gunoi
د لیک بکس
cutie poștală
باغ
grădină

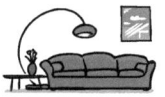

د اوسیدو خونه

cameră de zi

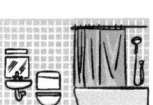

حمام

baie

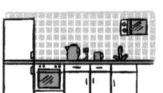

پخلنځی

bucătărie

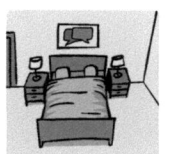

د ویده کیدو خونه

dormitor

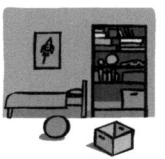

د ماشوم خونه

camera copiilor

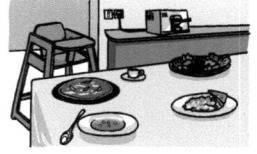

د خوارو خونه

sufragerie

فرش

podea

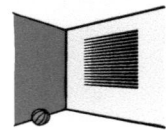

الواید

perete

تچ

tavan

زیرخانه

pivniță

ساونا

saună

بالکونی

balcon

تراس

terasă

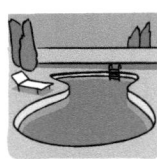

حوض

piscină

د چمن وهلو ماشین

mașină de tuns iarba

شیت

cearșaf

روجایی

cuvertură

تخت

pat

جارو

mătură

بوکه

găleată

سویچ

întrerupător

د اوسيدو خونه
camera de zi

والپيپر
tapet
عکس
pictură
لامپ
lampă
شيلف
raft
الماری
dulap
تلويزيون
televizor
نغری
șemineu
گل
floare
بالښت
pernă
صوفه
sofa
گلدانی
vază
ريموټ کنټرول
telecomandă

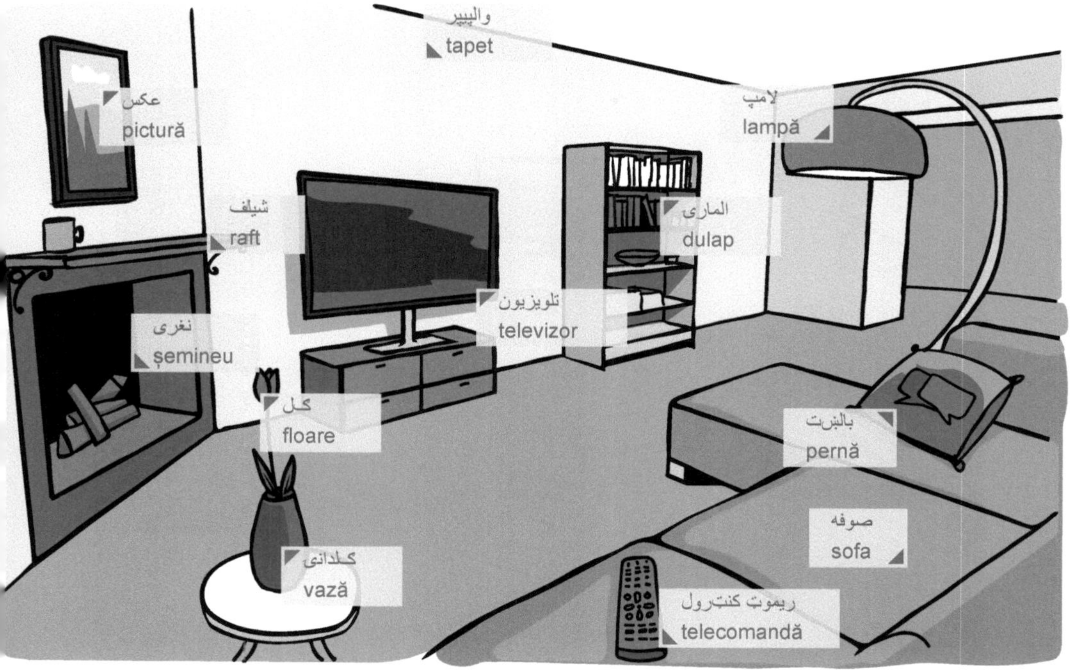

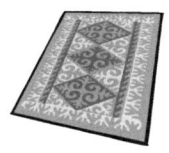

غالی

covor

پرده

perdea

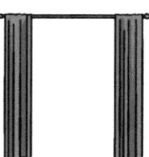

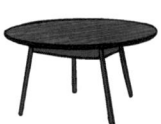

ميز

masă

چوکی

scaun

تاويدونکي چوکی

balansoar

بازو لرونکي چوکی

fotoliu

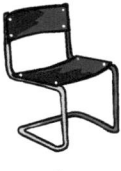

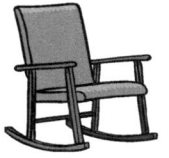

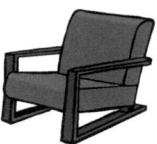

كتاب

carte

كمپل

pătură

ديكوريشن

decoraţiune

د اور لركـي

lemn de foc

فلم

film

هايفاى

instalaţie stereo

كلي

cheie

ورځپاڼه

ziar

نقاشي

desen

پوستر

poster

راديو

radio

كتابچه

caiet de notiţe

واكيوم جارو

aspirator

كاكتوس

cactus

شمع

lumânare

پخلنځی

bucătărie

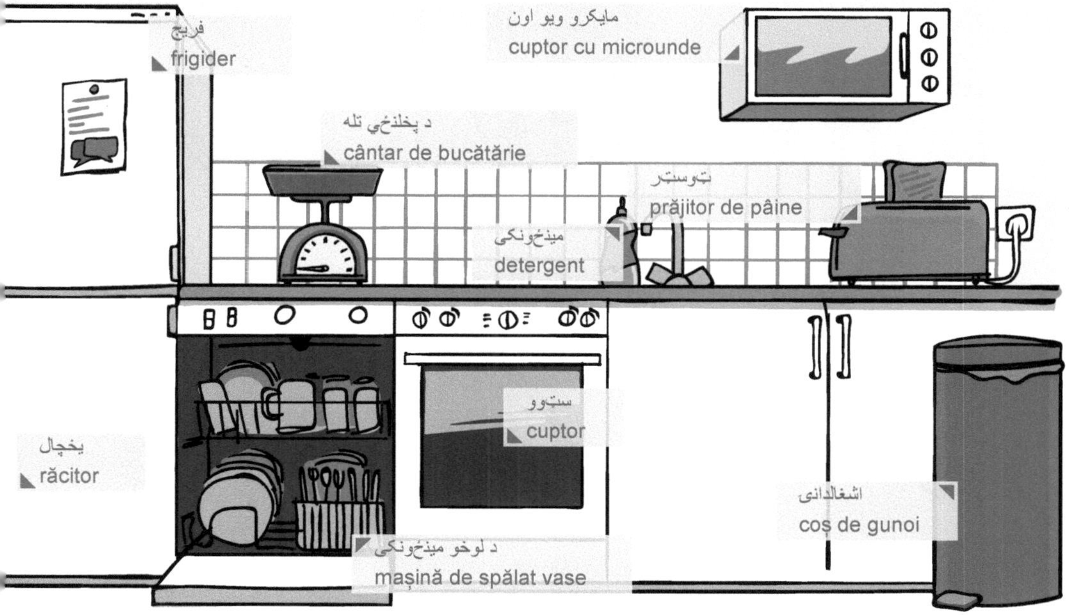

فريج
frigider
مايكرو ويو اون
cuptor cu microunde
د پخلنځي تله
cântar de bucătărie
ټوستر
prăjitor de pâine
مينځونکی
detergent
سټوو
cuptor
يخچال
răcitor
اشغالدانی
coș de gunoi
د لوخو مينځونکی
mașină de spălat vase

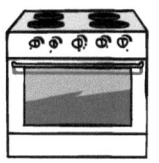

ديگ بخار

cuptor

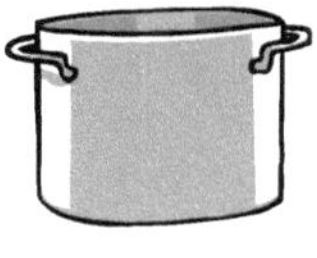

لوخی

oală

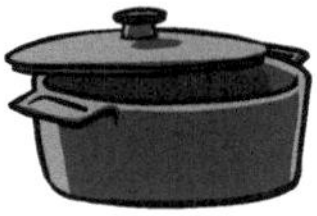

چدني لوخی

oală de metal

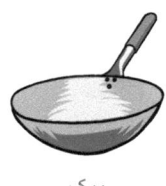

ووک

wok/kadai

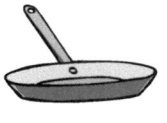

د تلي په

tigaie

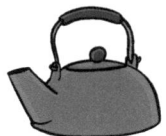

چای جوش

ceainic

د بخار ديگ

oală de gătit cu aburi

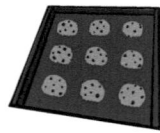

پتنوس

tavă de copt

لوخي

veselă

مگ

pahar

كاسه

bol

د رانيولو اوزار

bețișoare

څمڅی

polonic

كفكير

spatulă

پاكونكی

tel

صافي

sită

غلبيل

sită

كريتر

răzătoare

اونگ

mojar

بار بي كيو

grătar

خلاص اور

loc pentru grătar

پخلنځی - bucătărie

تخته

tocător

هوارونکی

sucitor

کارک سکریو

tirbușon

بټیم

conservă

د بټیم خلاصونکی

deschizător de conserve

د لوخي بټوټه

șervete termice

ظرف شوی

chiuvetă

برس

perie

سپنج

burete

بلیندر

mixer

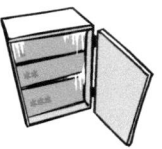

ژور یخچال

ladă frigorifică

د ماشوم بوتل

biberon

نل

robinet

تودول
încălzire

جان پاک
prosop

شاور
duş

بېل حمام
baie cu spumă

د شاور پرده
perdea de duş

د حمام ټب
cadă

گلاس
pahar

د مينځلو مشين
maşină de spălat

بت‌ایلونه
gresie

نل
robinet

يو دول کمود
oală de noapte

ظرف شوی
chiuvetă

تشناب
....
toaletă

فرشي کمود
....
toaletă turcescă

کمود
....
bideu

د متيازو ځای
....
pisoir

تشناب کاغذ
....
hârtie igienică

د تشناب برس
....
perie de toaletă

د غاښونو برس

periuță de dinți

د غاښونو کریم

pastă de dinți

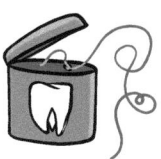

د غاښونو نخ

ață dentară

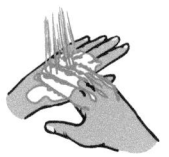

مینځل

a spăla

د لاسي شاور

cap de duș

دوش

duș intim

کانک

lavoar

د شا برس

perie pentru spate

صابون

săpun

د شاور ژل

gel de duș

شامپو

șampon

فلانل جامه

cârpă de spălat

وچول

scurgere

کریم

cremă

سپری

deodorant

آینه

oglindă

آینه سیلا

oglindă cosmetică

ریزر

aparat de ras

د خریلو فوم

spumă de ras

د خریلو وروسته

aftershave

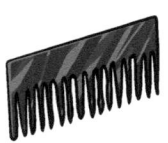

کمذخ

pieptene

برس

perie

د وینښتانو وچونکی

uscător de păr

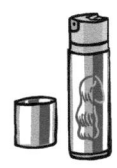

د وینښتانو سپری

fixator

میک اپ

machiaj

لیپ ستیک

ruj

د نوکانو پالش

lac de unghii

کاتن وری

vată

ناخن گیر

foarfece de unghii

عطر

parfum

د مينځلو كڅوړه

neseser

ستّول

taburet

د وزن کولو تله

cântar

د حمام پوښاک

halat de baie

د ربړ دستکش

mănuși de cauciuc

تامپون

tampon

صحیی جان پاک

tampon

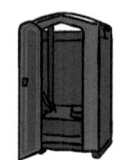

کیمیکل تشناب

toaletă chimică

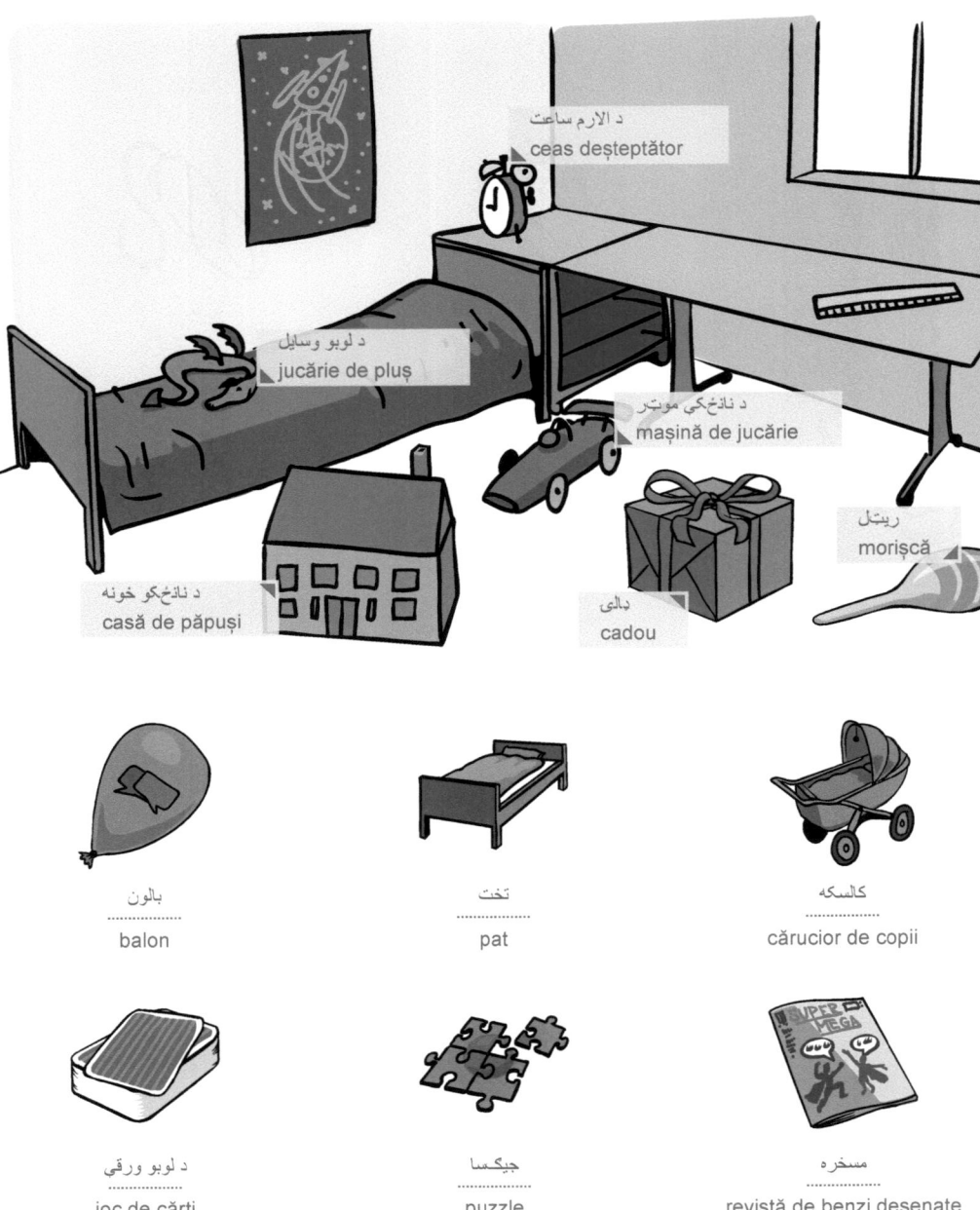

د الارم ساعت
ceas deșteptător

د لوبو وسایل
jucărie de pluș

د ناذخکي موټر
mașină de jucărie

ریتل
morișcă

د ناذخکو خونه
casă de păpuși

بالی
cadou

بالون
....
balon

تخت
....
pat

کالسکه
....
cărucior de copii

د لوبو ورقی
....
joc de cărți

جیګساو
....
puzzle

مسخره
....
revistă de benzi desenate

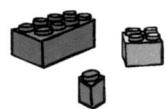

لیگو بریک

cuburi lego

د نانځکو بلاک

piese pentru construcții

د اکشن فیگور

personaj din filmele de acțiune

د ماشوم پوښاک

body

فریزبي

frisbee

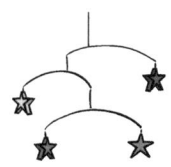

موبایل

mobil

بورډ لوبه

joc de societate

تاس

zar

مادل ریل سیټ

set trenuleț de jucărie

ګونګشی

suzetă

پارتي

petrecere

د عکسونو البوم

carte cu poze

بال

minge

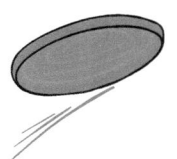

نانځکه

păpușă

لوبیدل

a se juca

د ښکو کنده
....
groapă de nisip

سوينګ
....
leagăn

ياڅنخان
....
jucării

د ويډيو لوبو کنسول
....
consolă video

نترای سايکل
....
tricicletă

ګوډکه
....
ursuleţ

د کالو الماری
....
dulap

îmbrăcăminte

جرابۍ
....
şosete

لوړي جرابۍ
....
ciorapi

ټايټس
....
dres

زروکی
şal

چتری
umbrelă

تی شرت
tricou

کمربند
curea

بوتان
cizme

سلیپر
papuci

سنیکر
pantofi sport

سیندل
sandale

بوتان
încălțăminte

د ربر بوتان
cizme de cauciuc

زیرنیکري
chilot

سینه بند
sutien

واسکت
maiou

يادي

body

پتلون

pantaloni

جينز

blugi

لمن

fustă

بلاوز

bluză

شرت

cămașă

بنيان

pulover

سويتر

jerseu

بليزر

sacou

جاكت

jachetă

كوت

palton

د باران كوت

pelerină de ploaie

پوښاک

costum

كالي

rochie

د واده پوښاک

rochie de mireasă

يشريد

costum

د شپې پوښاک

cămașă de noapte

پاجامه

pijama

ساري

sari

هټّیپول

batic

پټکی

turban

برقه

burka

کفتن

caftan

عبا

abaya

د لامبو پوښاک

costum de baie

نیکر

șort

تشارت

pantaloni scurți

د خغاستي پوښاک

trening

پیش بند

șorț

دستکش

mănuși

بتّن
....
nasture

عینک
....
ochelari

لاس بند
....
brățară

غاړه کۍ
....
lanț

گوتمه
....
inel

غوږوالۍ
....
cercel

خولۍ
....
căciulă

کوټ بند
....
umeraș

خولۍ
....
pălărie

نِټایي
....
cravată

خُنځَخير
....
fermoar

هِلمیټ
....
cască

تِرونکی
....
bretele

د ښوونځي يونيفارم
....
uniformă școlară

يونيفارم
....
uniformă

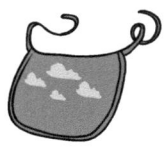

بيب
....
bavețică

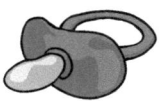

ګونګشی
....
suzetă

نيپي
....
scutec

دفتر
birou

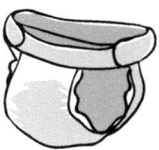

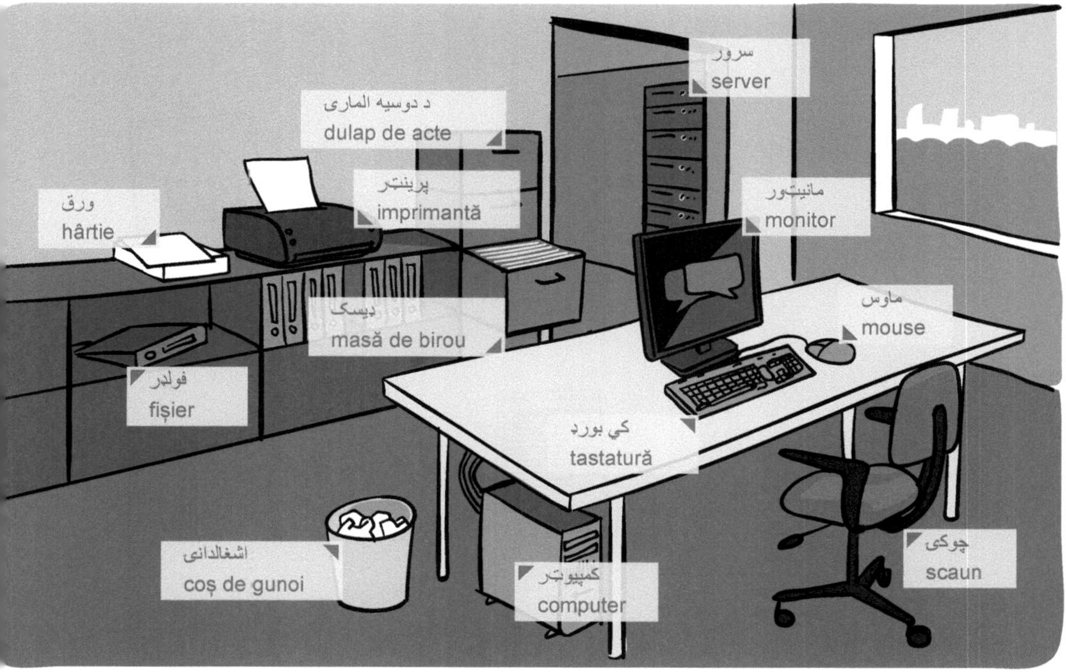

سرور
server
د دوسيه الماری
dulap de acte
پرينټر
imprimantă
ورق
hârtie
مانيټور
monitor
ډيسک
masă de birou
ماوس
mouse
فولډر
fișier
کي بورډ
tastatură
اشغالدانی
coș de gunoi
کمپيوټر
computer
چوکی
scaun

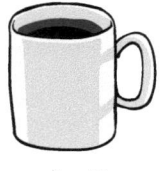

د کافي پياله
....
ceașcă de cafea

کالکوليټر
....
calculator

انټرنيټ
....
internet

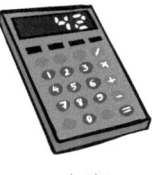

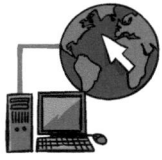

پاپ تپ لپ

laptop

کیل

scrisoare

پیغام

mesaj

موبایل

telefon mobil

کرتیبین

rețea

فوتوکاپیر

copiator

ریتّوافسا

software

تلیفون

telefon

پلک ساکتِ

priză

فکس مشین

fax

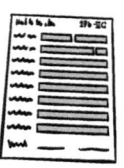

فارم

formular

سند

document

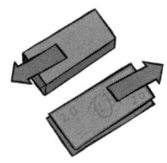

پیرل

a cumpăra

کول هیادت

a plăti

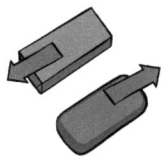

کول ریکادوس

a face comerț

پیسي

bani

دالر

Dolar

یورو

Euro

ین

Yen

ریل

Rublă

سویسي فرانک

Franc Elvețian

یوان بینبي رینمین

renminbi yuan

روپی

Rupie

د نغدي پیسو خای

bancomat

د اسعارو د تبادلي دفتر

casă de schimb valutar

سره زر

aur

سپین زر

argint

تیل

petrol

انرژي

energie

نرخ

preț

قرارداد

contract

مالیه

impozit

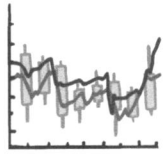

اسهام

acțiune

کار کول

a munci

کارمند

angajat

کار ګومارونکی

angajator

فابریکه

fabrică

پلورنځی

magazin

مسلکونه

ocupații

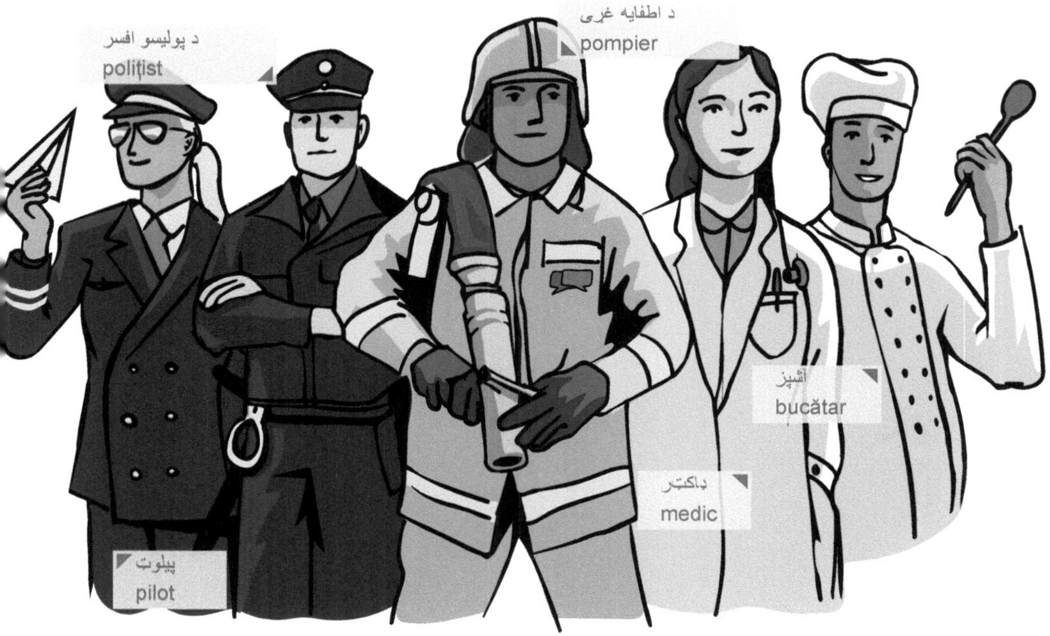

د پولیسو افسر
polițist
د اطفایه غړی
pompier
آشپز
bucătar
ډاکټر
medic
پیلوټ
pilot

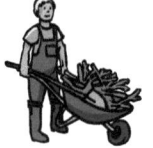

باغوان

grădinar

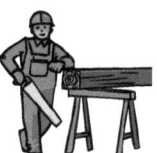

نجار

tâmplar

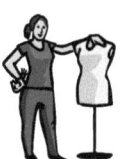

خیاط

cusătoreasă

قاضي

judecător

کیمیا پوه

chimist

د فلم لوبغاړی

actor

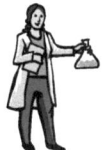

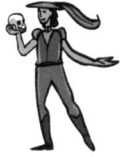

د بس ډرایور

șofer de autobuz

د ټیکسي ډرایور

șofer de taxi

کب نیونکی

pescar

خدمه

femeie de serviciu

بام جوړونکی

tinichigiu

پیشخدمت

chelnăr

ښکاري

vânător

نقاش

pictor

نانوا

brutar

د برښنا کارکونکی

electrician

تعمیر جوړونکی

muncitor în construcții

انجنیر

inginer

قصاب

măcelar

نلدوان

instalator

پوست رسونکی

poștaș

سرتیری

soldat

مهندس

arhitect

صراف

casier

مالیار

florar

نایی

frizer

کلیندر

controlor

میکانیک

mecanic

کپتان

căpitan

د غاښونو ډاکتر

stomatolog

ساینس پوه

om de știință

یهودی مذهبی ملا

rabin

امام

imam

مذهبي نفر

călugăr

پادري

preot

لوازم
instrumente

ځټکی
ciocan
پلاس
cleşte
پیچکش
şurubelniţă
رینچ
cheie
څراغ
lanternă

کنستونکی

excavator

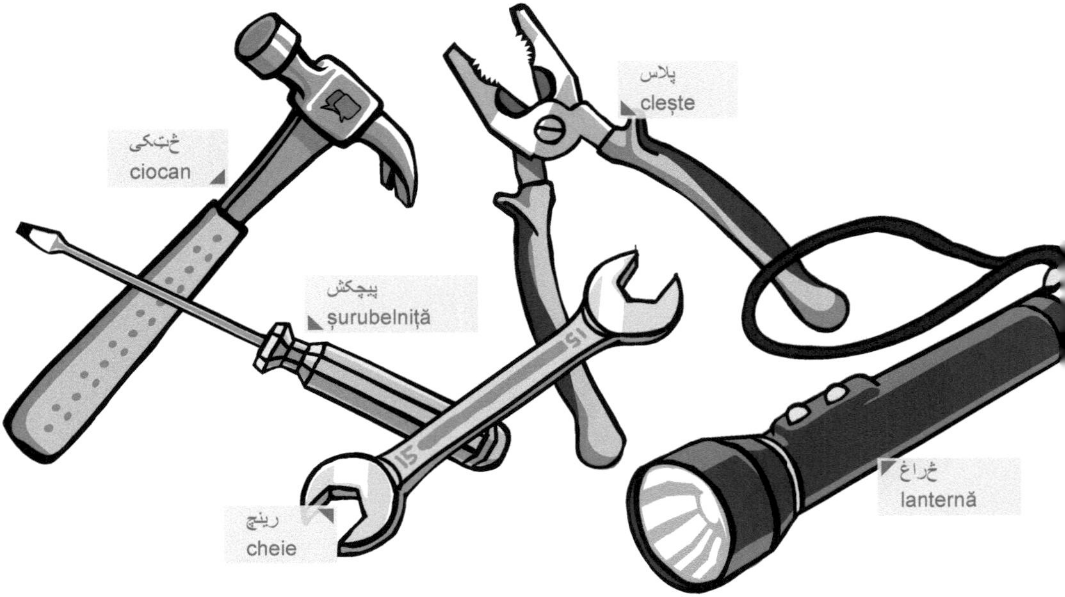

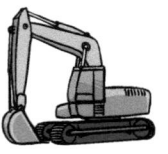

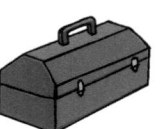

د لوازمو بکس

cutie de scule

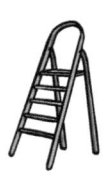

زینه

scară

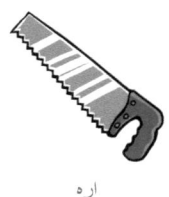

اره

ferăstrău

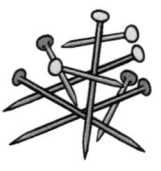

میخونه

cuie

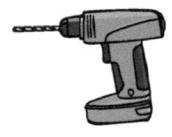

برمه

burghiu

ترمیم کول

a repara

بیل

lopată

لعنت!

La naiba!

خاک انداز

făraş

مشوانۍ

vas pentru vopsea

پیچونه

şuruburi

د میوزیک آلات

instrumente muzicale

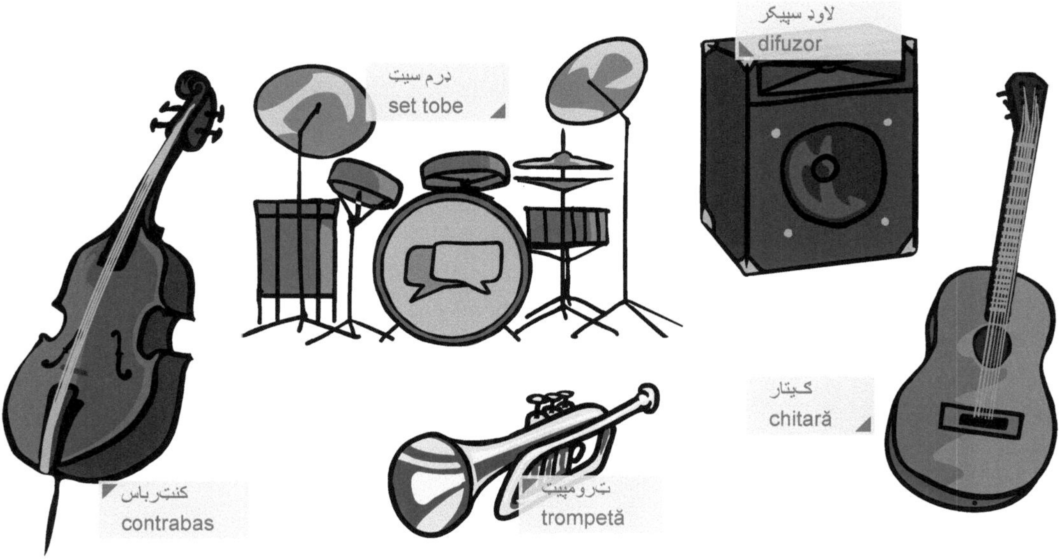

لاوډ سپیکر
difuzor

درم سیت
set tobe

کنترباس
contrabas

ترومپیت
trompetă

کیتار
chitară

پیانو

pian

وایلن

vioară

باس

bas

نغاره

trombon

هنوم‌دِ

tobă

درود يي کي

keyboard

سيکسافون

saxofon

یلی‌پِش

fluier

مايکروفون

microfon

ژوبڼ
grădină zoologică

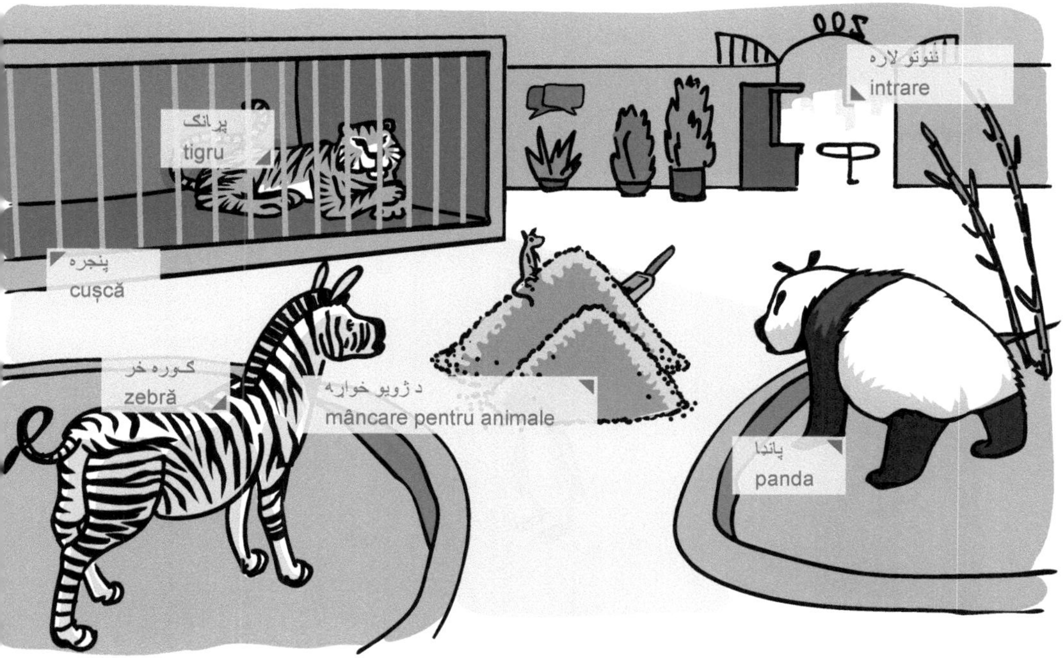
ننوتو لاره
intrare
پړانګ
tigru
پنجره
cușcă
ګوره خر
zebră
د ژويو خواره
mâncare pentru animale
پانډا
panda

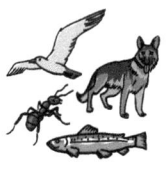

ژوی

animale

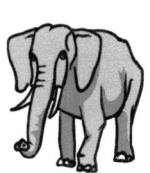

هاتي

elefant

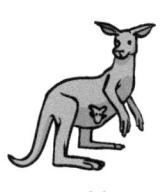

کنګرو

cangur

د اوبو اسپ

rinocer

ګوريلا

gorilă

ايږه

urs

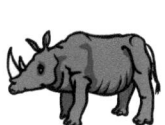

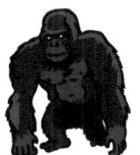

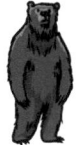

اوش
....
cămilă

شترمرغ
....
struţ

زمرى
....
leu

بيزو
....
maimuţă

غزى
....
flamingo

طوطى
....
papagal

قطبي ايره.ه
....
urs polar

پینگوین
....
pinguin

شارک
....
rechin

طاوس
....
păun

مار
....
şarpe

تمساح
....
crocodil

ژوبن ساتونکی
....
îngrijitor grădina zoologică

سيل
....
focă

جگوار
....
jaguar

یابو

ponei

پرانگ

leopard

هیپو

hipopotam

زرافه

girafă

باز

acvilă

نرخوک

porc mistreț

کب

pește

شمشتی

broască țestoasă

سمندري نولی

morsă

گیدره

vulpe

هوسی

gazelă

امریکایی فتبال
fotbal american

سایکل څغلول
ciclism

تېنیس
tenis

باسکیتبال
basketball

لامبو
înot

باکسینگ
box

د کنګل هاکي
hockey pe gheață

فتبال
....
fotbal

کسیزه
....
badminton

د څغاستي لوبی
....
atletism

د هندبال
....
handbal

سکي
....
schi

پولو
....
polo

فعاليتونه
activități

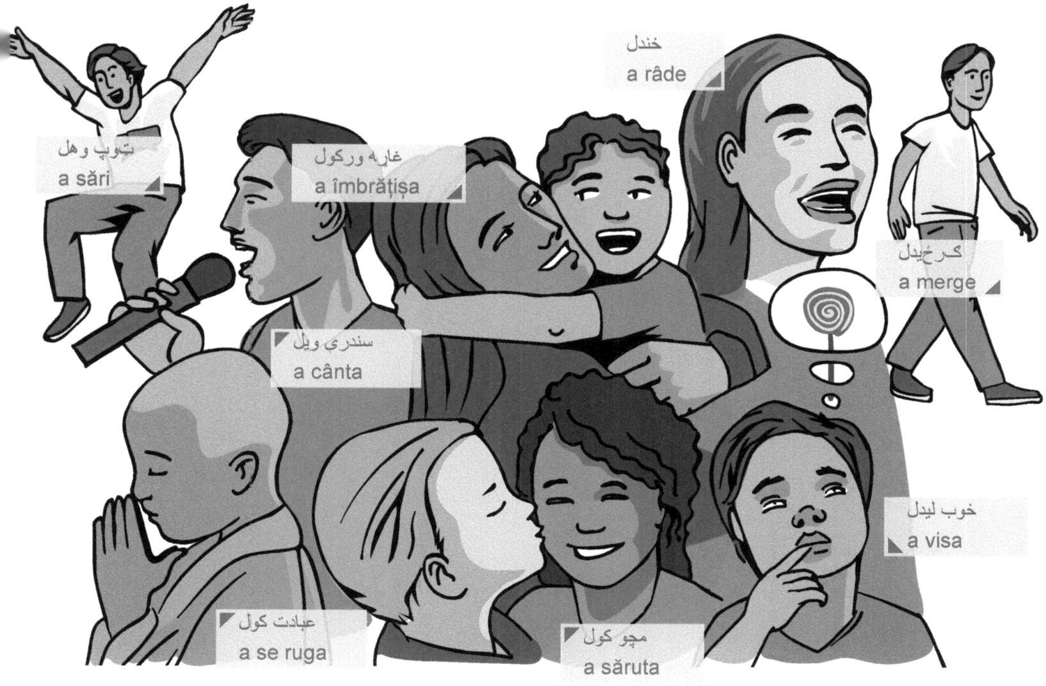
خندل
a râde
ټوپ وهل
a sări
غاړه ورکول
a îmbrățișa
ګرځيدل
a merge
سندري ويل
a cânta
خوب ليدل
a visa
عبادت کول
a se ruga
مچو کول
a săruta

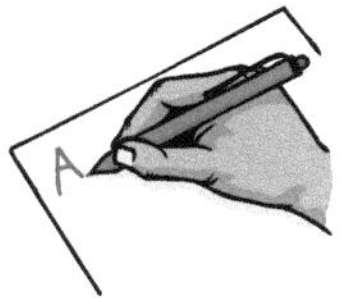

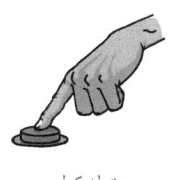

ليکل
....
a scrie

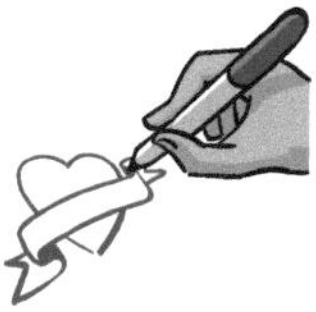

کښل
....
a desena

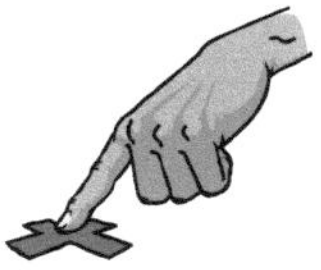

ښودل
....
a arăta

ټيله کول
....
a împinge

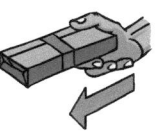

ورکول
....
a da

اخيستل
....
a lua

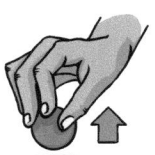

دلولورد

a avea

کول

a face

پاییدل

a fi

ودریدل

a sta în picioare

منډي وهل

a fugi

شکار

a trage

کوزارل

a arunca

لویدل

a cădea

تسلامخ

a sta întins

انتظار کول

a aștepta

ورل

a purta

تسانینکب

a ședea

پوښاک اغوستل

a se îmbrăca

ویده کیدل

a dormi

پاخیدل

a se trezi

کتل
....
a privi

ژړل
....
a plânge

بریدکول
....
a mângâia

ګمنځ کول
....
a se pieptăna

خبری کول
....
a vorbi

پوهیدل
....
a înțelege

غوښتل
....
a întreba

اوریدل
....
a asculta

څښل
....
a bea

خورل
....
a mânca

پاکول
....
a face ordine

مینه کول
....
a iubi

پخلی کول
....
a găti

موټر چلول
....
a conduce

الوتل
....
a zbura

بیری چلول

a naviga

حساب

a calcula

لوستل

a citi

زده کول

a învăța

کار کول

a munci

واده کول

a se căsători

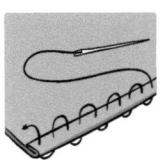

ګنډل

a coase

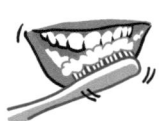

د غاښونو برس کول

a se spăla pe dinți

وژل

a ucide

سګرټ څکول

a fuma

لیرل

a trimite

نیا
bunică

نیکه
bunic

پلار
tată

مور
mamă

ماشوم
bebeluș

لور
soră

زوی
fiu

میڵمه

oaspete

ترور

mătușă

کاکا/ماما

unchi

ورور

frate

خور

soră

تندی
frunte

سترگي
ochi

اوږه
umăr

ګوته
deget

مخ
față

زنه
بارۍ bărbie

لاس
mână

سينه
piept

پښه
picior

مټ
brat

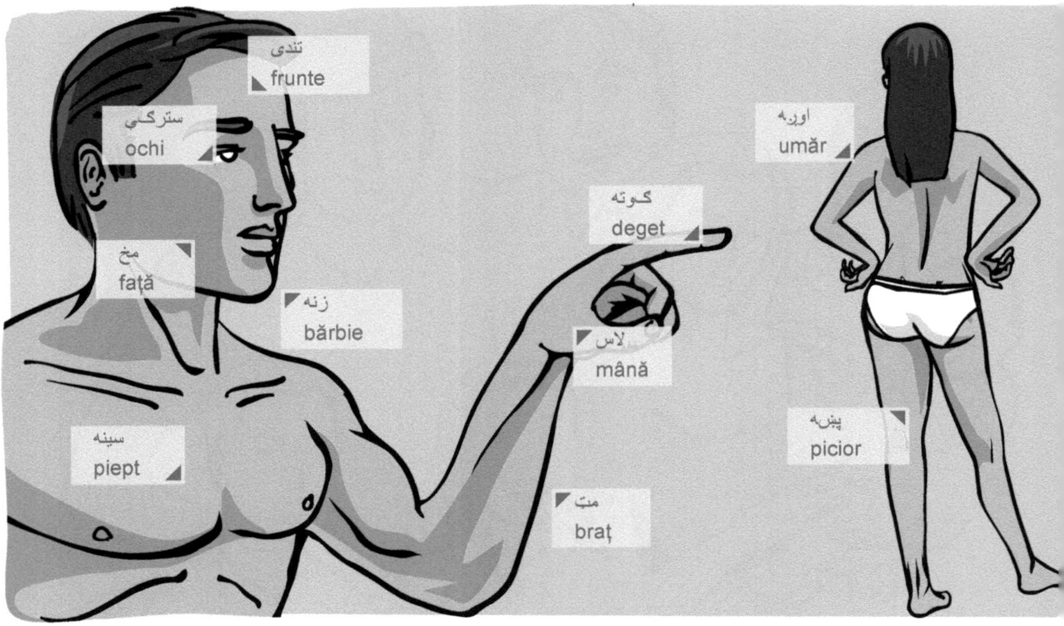

ماشوم
bebeluş

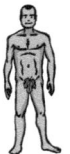

سړی
bărbat

ښځه
femeie

انجلۍ
fată

هلک
băiat

سر
cap

شا

spate

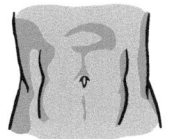

خيتّه

abdomen

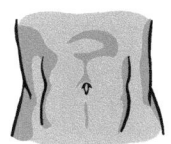

مون

ombilic

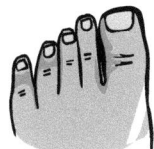

د پښي کوته

deget de la picior

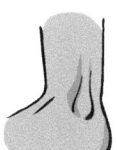

پونده

călcâi

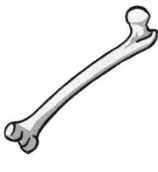

هدوکی

os

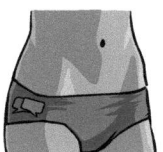

کوناتی

șold

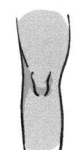

زنګون

genunchi

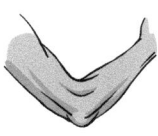

څنګل

cot

پوزه

nas

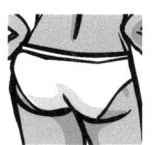

لاندی برخه

fund

پوتکی

piele

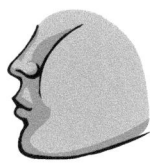

غومبوری

obraz

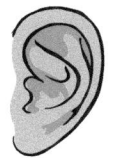

غوږ

ureche

شونډه

buză

خوله

gură

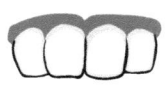

غاښ

dinte

ژبه

limbă

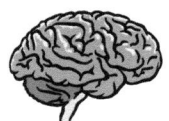

مغز

creier

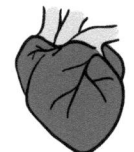

زړه

inimă

عضله

muşchi

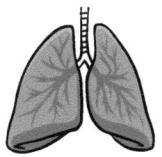

سږى

plămân

ځيګر

ficat

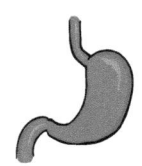

معده

stomac

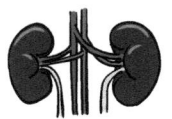

پښتورګي

rinichi

جنسي نزدي والى

sex

كاندوم

prezervativ

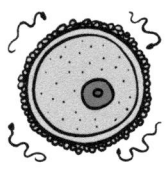

تخمه

ovul

منى

spermă

حمل

sarcină

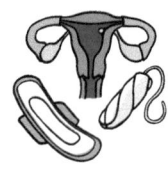

حیض

menstruație

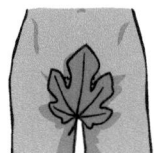

مهبل

vagin

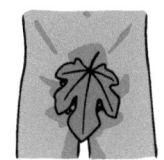

د نارینه تناسلي آله

penis

وروځی

sprânceană

ویښته

păr

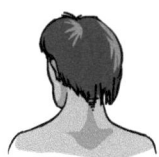

غاړه

gât

روغتون

spital

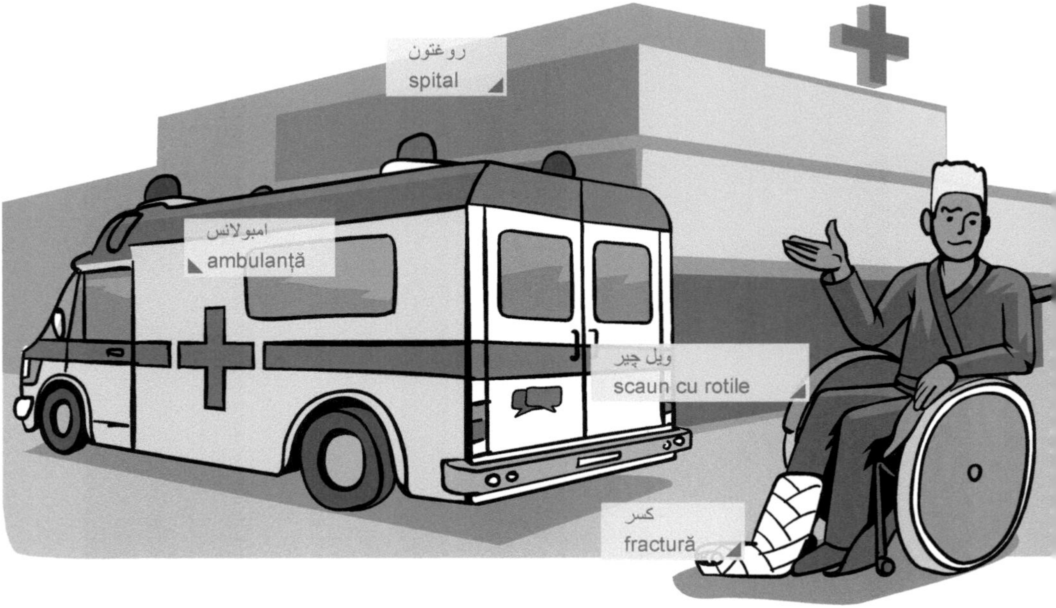

روغتون
spital
امبولانس
ambulanță
ویل چیر
scaun cu rotile
کسر
fractură

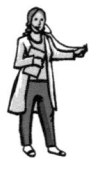

ډاکټر

medic

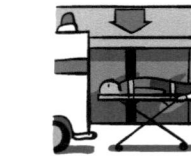

عاجل خونه

unitate de primiri urgențe

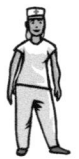

رنځورپال

soră medicală

عاجل

urgență

بې هوش

inconștient

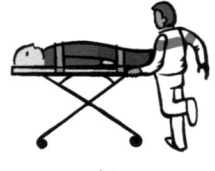

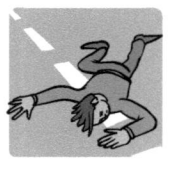

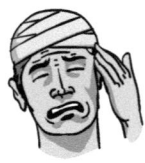

درد

durere

پتی
leziune

لديويتونه ویو
sângerare

حمله هرزرد
infarct miocardic

ضربی
atac cerebral

تیساساح
alergie

خوتبی
tuse

هتّب
febră

انفلوینزا
gripă

نس ناستی
diaree

درد سر
durere de cap

ناطرس
cancer

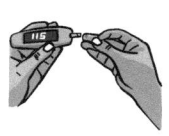

شکر
diabet

جاح
chirurg

سکالپل
scalpel

عملیات
operaţie

سي‌تي

CT

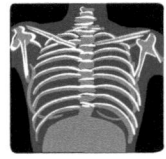

ری ایکس

raze Röntgen

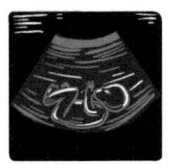

التراساوند

ultrasunet

د مخ ماسک

mască

غوران

boală

انتظار خونه

sală de așteptare

آسما

cârjă

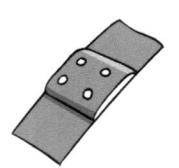

پلستر

plasture

بنداژ

bandaj

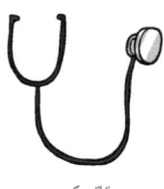

تزریق

injecție

ستاتسکوپ

stetoscop

تسکیره

targă

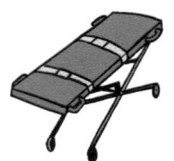

کلینکي ترماميتر

termometru

زيرون

naștere

زيات وزن

supraponderabilitate

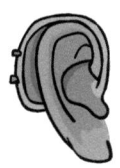

د اوریدو مرسته

aparat auditiv

د عفونیت څخه پاکونکي مواد

dezinfectant

عفونیت

infecție

ویروس

virus

ایدز/ویای.چ.ای

HIV/SIDA

درمل

medicină

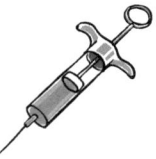

واکسین

vaccin

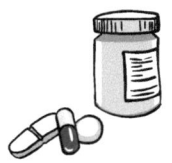

ټابلیټ،س

tablete

ګولۍ

pastilă

عاجل تلیفون

apel de urgență

د وینی د فشار څارونکی

aparat de măsurare a
presiunii arteriale

غوروالارونان

bolnav/sănătos

urgenţă

مرسته!

Ajutor!

الارم

alarmă

يرغل

agresiune

بريد

atac

خطر

pericol

اره لاره عاجل

ieşire de urgenţă

اور!

Foc!

د اور وژونكى

extinctor

پېښه

accident

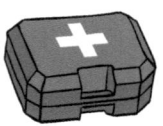

د لومړى مرستي لوازم

trusă de prim-ajutor

ايس.او.ايس

SOS

پوليس

poliţie

اروپا

Europa

شمالي امریکا

America de Nord

سهیلي امریکا

America de Sud

افریقا

Africa

آسیا

Asia

آسترېلیا

Australia

اتلانتیک

Altantic

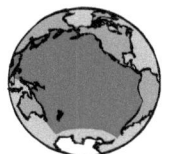

پاسیفیک

Pacific

د هند بحر

Oceanul Indian

جنوبي منجمد بحر

Oceanul Antarctic

د شمال قطب بحر

Oceanul Arctic

شمالي قطب

Polul Nord

سهيلي قطب

Polul Sud

انتارکتيکا

Antarctica

خُمکه

pământ

خُمکه

țară

بحر

mare

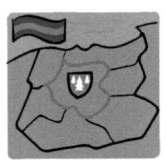

تَپايو

insulă

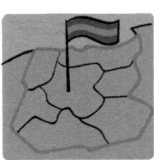

ملت

națiune

دولت

stat

د مخي ساعت

cadran

د ساعت ستنه

orar

د دقیقی ستنه

minutar

د ثانیی ستنه

secundar

څه وخت دی؟

Cât e ceasul?

ورخ

zi

وخت

timp

اواس

acum

ديجيتل ساعت

cead digital

دقیقه

minut

ساعت

oră

săptămână

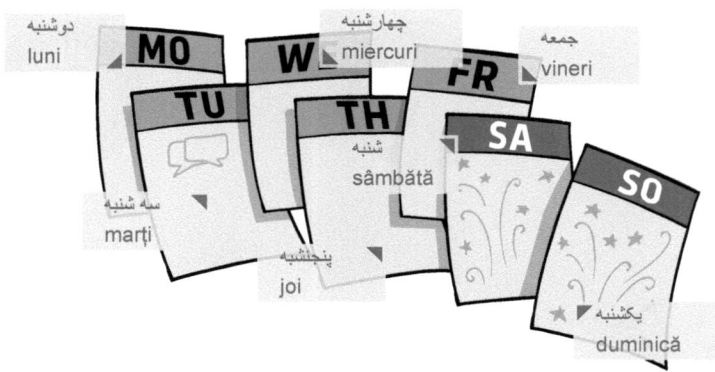

دوشنبه
luni · MO

چهارشنبه
W · miercuri

جمعه
vineri

TU

TH
شنبه
sâmbătă

SA

SO

سه‌شنبه
marţi

پنجشنبه
joi

یکشنبه
duminică

پرون
ieri

نن
azi

سبا
mâine

سهار
dimineaţă

غرمه
amiază

ماښام
seară

کاري ورځی
zile lucrătoare

د اونۍ پای
week-end

کال

an

باران
ploaie
رنګين کمان
curcubeu
باد
vânt
واوره
zăpadă
پسرلی
primăvară
منی
toamnă
اوړی
vară
ژمی
iarnă

4.APRIL 11°
5.APRIL 4°
6.APRIL 13°
7.APRIL 8°
8.APRIL 10°

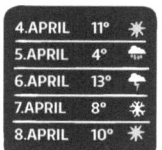

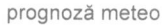

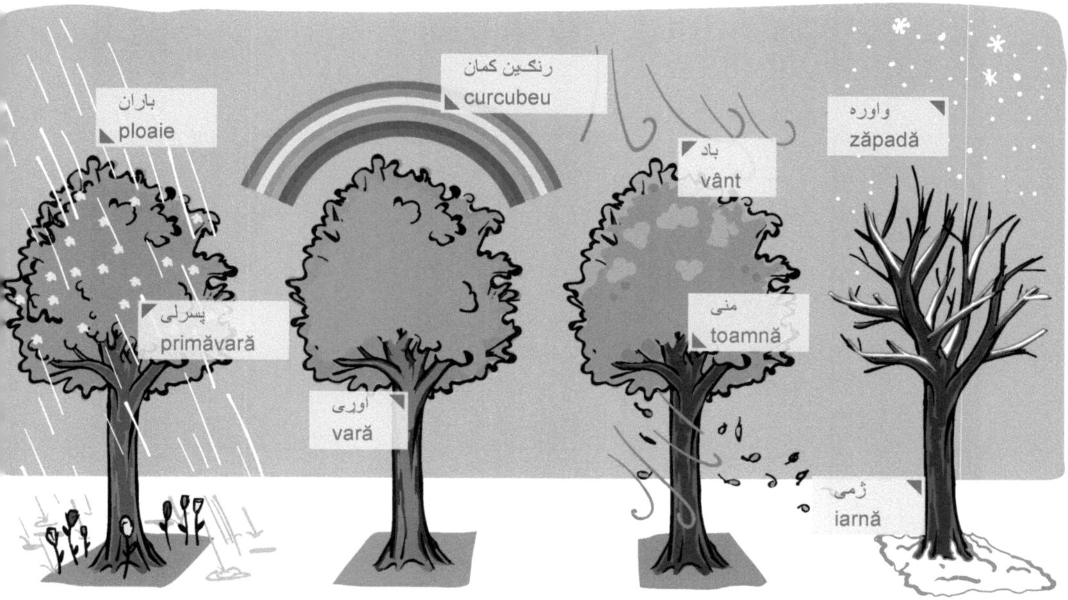

د موسم وړاندوینه

prognoză meteo

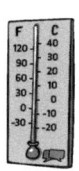

F C
120 40
90 30
60 20
30 10
0 0
-30 -10
-20

ترموميټر

termometru

د لمر وړانګې

lumina soarelui

وريځ

nor

لړه

ceață

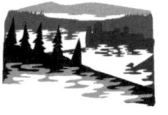

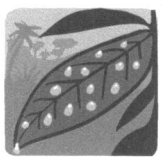

رطوبت

umiditate a aerului

آپنر

fulger

تندر

tunet

توفان

furtună

لدیرو یلرب

grindină

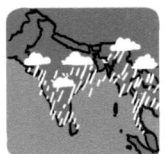

مون سون باران

muson

سیلاب

inundaţie

خی

gheaţă

جنوري

ianuarie

فبروري

februarie

مارچ

martie

اپرہل

aprilie

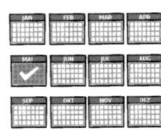

می

mai

جون

iunie

جولای

iulie

اگست

august

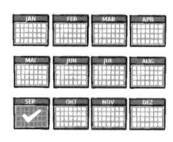

سپتمبر

septembrie

اکتوبر

octombrie

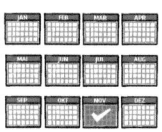

نومبر

noiembrie

دسمبر

decembrie

دايره

cerc

مربع

pătrat

مستطيل

dreptunghi

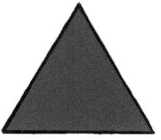

مثلث

triunghi

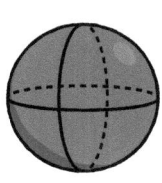

توپ

sferă

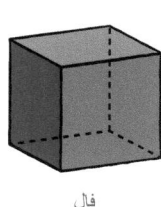

فال

cub

سپین
....
alb

ژیر
....
galben

نارنجي
....
portocaliu

گلابي
....
roz

سور
....
roșu

ارغواني
....
violet

نیلي
....
albastru

شین
....
verde

نسواري
....
maro

خړ
....
gri

تور
....
negru

خورا دير/خورا لږ

mult/puțin

مارا/قار

furios/calm

هلهکشدب/کليش

frumos/urât

یای/پيل

început/sfârșit

ىنی/کوچنی/لول/ويو

mare/mic

هراتيا/انهاش وبور

luminos/întunecat

ورور/خور

frate/soră

کک/کا/پاک

curat/murdar

لمکمانا/لمکمڼ

complet/incomplet

ورخ/پشه

zi/noapte

ىدندوژلارم

mort/viu

ىرنا/هاخراپ

lat/strâmt

د خوراک ور/نه خورل کیدونکی

comestibil/necomestibil

بد/مهربان

rău/prietenos

پاریدلی/بی خونده

emoţionat/plictisit

چاق/وچ

gras/slab

لومړی/وروستی

primul/ultimul

ملګری/دشمن

prieten/inamic

ډک/تش

plin/gol

سخت/نرم

tare/moale

درون/سپک

greu/uşor

لوږه/تنده

foame/sete

ناروغ/روغ

bolnav/sănătos

غیرقانوني/قانوني

ilegal/legal

هوښیار/ساده

inteligent/stupid

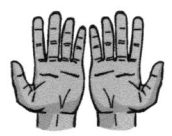

کین/ښیی

stânga/drepta

نږدې/لری

aproape/departe

روزان/نوي

nou/uzat

هيڅ/څه يوه

nimic/ceva

بدا/خوان

bătrân/tânăr

چالا/د/بند

pornit/oprit

خلاص/ترلی

deschis/închis

غلي/لور غر

încet/tare

بدايه/غريب

bogat/sărac

صحيح/غلط

corect/fals

زبر/ملايم

aspru/neted

خفه/خوښ

trist/fericit

لنډ/اوږد

lung/scurt

سست/ګړندی

încet/repede

لوندن/وچ

ud/uscat

کرم/يخ

cald/rece

جکړه/سوله

război/pace

0

صفر

zero

1

یو

unu

2

دوه

doi

3

دری

trei

4

څلور

patru

5

پنځه

cinci

6

شپږ

şase

7

اوه

şapte

8

اته

opt

9

نهه

nouă

10

لس

zece

11

یولس

unsprezece

12

سلود

douăsprezece

13

سلرلدياس

treisprezece

14

سلراوخ

paisprezece

15

سلخذپ

cincisprezece

16

سرابپش

șaisprezece

17

سلوو

șaptesprezece

18

سلتاا

optsprezece

19

سلون

nouăsprezece

20

شل

douăzeci

100

سلل

o sută

1.000

رز

o mie

1.000.000

نویليم

un milion

انگلسي
....
engleză

امریکایی انگلسي
....
engleză americană

چینایی مندرین
....
chineza mandarină

هندي
....
hindi

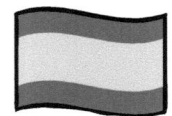

هسپانوي
....
spaniolă

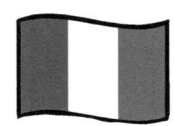

فرانسوي
....
franceză

عربي
....
arabă

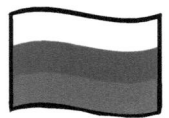

روسي
....
rusă

پرتگالي
....
protugheză

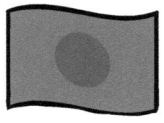

بنگالي
....
bengaleză

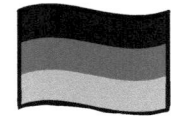

آلماني
....
germană

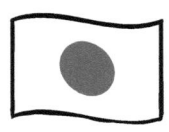

جاپاني
....
japoneză

زه

eu

ته

tu

هغه/د غه/دا

el/ea

موږ

noi

تاسي

voi

دوي/هغوى

ea

څوک؟

cine?

څه؟

ce?

څنګه؟

cum?

چيري؟

unde?

کله؟

când?

نوم

nume

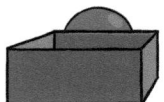

شاته

în spate

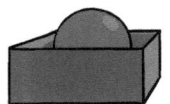

په

în

په مخه کي

înainte

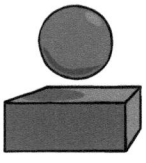

باندي

peste

په

pe

لاندي

sub

برسيره پر

lângă

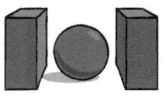

ترمينځ

între

ځای

loc